BEI GRIN MACHT SICH IHR
WISSEN BEZAHLT

Bibliografische Information der Deutschen Nationalbibliothek:

Die Deutsche Bibliothek verzeichnet diese Publikation in der Deutschen National-
bibliografie; detaillierte bibliografische Daten sind im Internet über http://dnb.d-
nb.de/ abrufbar.

Impressum:

Copyright © 2016 GRIN Verlag
Druck und Bindung: Books on Demand GmbH, Norderstedt Germany
ISBN: 9783668630888

Dieses Buch bei GRIN:

https://www.grin.com/document/393048

Paul Stewens

Das Märchen "Rotkäppchen" der Gebrüder Grimm als Gegenstand von Märchenparodien

GRIN Verlag

GRIN - Your knowledge has value

Der GRIN Verlag publiziert seit 1998 wissenschaftliche Arbeiten von Studenten, Hochschullehrern und anderen Akademikern als eBook und gedrucktes Buch. Die Verlagswebsite www.grin.com ist die ideale Plattform zur Veröffentlichung von Hausarbeiten, Abschlussarbeiten, wissenschaftlichen Aufsätzen, Dissertationen und Fachbüchern.

Besuchen Sie uns im Internet:

http://www.grin.com/

http://www.facebook.com/grincom

http://www.twitter.com/grin_com

SEMINARARBEIT

Rahmenthema des Wissenschaftspropädeutischen Seminars:
„ ‚Loch in Erde, Bronze rin, Glocke fertig, bim bim bim' –

Parodien deutscher Literatur"

Leitfach: Deutsch

Titel der Arbeit:

Gebrüder Grimm: „Rotkäppchen" - ausgewählte Märchenparodien

Verfasser: *Paul Stewens*

Abgabetermin: *8. November 2016*

Inhaltsverzeichnis

1 Einleitung

Märchen begeistern. Über Generationen hinweg haben die Erzählungen von Prinzessinnen und Ungeheuern, sprechenden Tieren und wundersamen Begebenheiten Märchenleser und -hörer jeden Alters fasziniert. Mit der schnell fortschreitenden Entwicklung des Films im Laufe des 20. Jahrhunderts ist ein neues Genre entstanden: Das der Märchenverfilmung. Wegweisend dafür sind die Filme von Walt Disney. Seine filmischen Umsetzungen „Schneewittchen" und „Cinderella" aus den fünfziger Jahren gelten noch heute als Kinderfilmklassiker, die sich auch gegen moderne Konkurrenz behaupten können.

Seit 2000 sind zahlreiche, zumeist animierte Märchenverfilmungen erschienen. Den Beginn dieser Entwicklung markiert der 2001 erschienene US-amerikanische Animationsfilm „Shrek – Der tollkühne Held", der verschiedene Märchen und deren Motive vermischt und unterschiedliche Märchenfiguren zusammenbringt. Dieses Erfolgsrezept machte auch die drei Fortsetzungen des Films sowie die Auskopplung „Der gestiefelte Kater" zu Kassenschlagern, 2014 hat Walt Disney mit „Maleficent – Die dunkle Fee" eine Version des Märchens „Aschenputtel" geschaffen, die aus der Sicht der bösen Fee erzählt wird. Eine weitere düstere Märchenadaption ist „Snow White and the Huntsman"(2012), die die Handlung von Schneewittchen verfremdet. „Der Froschkönig oder der eiserne Heinrich" bildet die Grundlage für den Animationsfilm „Küss den Frosch" aus dem Hause Disney von 2009. Die Handlung ist hier in den Süden der USA in den 1920er Jahren verlegt. Zudem wird das Verwandlungsmotiv umgekehrt, indem sich auch die Prinzessin in einen Frosch verwandelt.

Die grundlegende Idee, ein traditionelles Märchen zu verfremden und/oder zu modernisieren, ist allerdings keine Erfindung der Filmbranche. Auch die Literatur kennt zahlreiche Märchenversionen, die in vielen Fällen älter sind als die ersten filmischen Umsetzungen. Dabei ist eine große Vielfalt an verschiedenen Texten entstanden, die sich hinsichtlich ihrer Gattung, Sprache und Intention stark unterscheiden. Am Beispiel des von den Gebrüdern Grimm niedergeschriebenen Märchens *Rotkäppchen* soll in dieser Arbeit eine Auswahl im weitesten Sinne parodistischer Texte analysiert werden. Gemessen an der großen Anzahl literarischer Verfremdungen eignet sich das Märchen *Rotkäppchen* in besonderer Weise als Gegenstand der nachfolgenden Untersuchung.

2 Rotkäppchen als Volksmärchen

In einem ersten Schritt sollen charakteristische Merkmale des Volksmärchens, die *Rotkäppchen*[1] aufweist, belegt werden. Diese Einordnung dient zum besseren Verständnis der Intention einiger Parodisten, die Eigenschaften dieser Gattung zum Ansatzpunkt oder sogar Gegenstand ihrer Verfremdung von *Rotkäppchen* machen.

2.1 Handlung und Aufbau

2.1.1 *Rotkäppchen* als Kettenmärchen

Die inhaltliche Struktur von *Rotkäppchen* weist zentrale Merkmale des Volksmärchens auf. Da sich die Grimmschen „Kinder- und Hausmärchen" hauptsächlich an Kinder richten, ist die Handlung wenig komplex gestaltet. Märchen mit einem besonders einfachen Aufbau werden als „Kettenmärchen"[2] bezeichnet. Die nachfolgende Grafik ist denen von Ellwanger und Grömminger[3] nachempfunden und soll den Aufbau des Hauptteils von *Rotkäppchen* anschaulich machen.

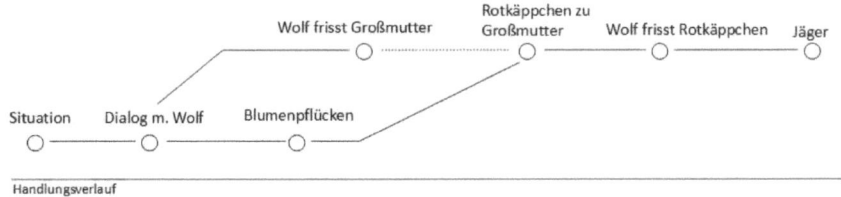

Die Darstellung zeigt, dass es sich bei *Rotkäppchen* um ein Kettenmärchen handelt, bei dem die Handlungsschritte nacheinander ablaufen und sich nicht überlagern. Eine Ausnahme stellt die Synchronizität des Blumenpflückens und des Verschlingens der Großmutter dar.[4]

---

1   Vgl. Grimm, Jacob/Grimm, Wilhelm: Rotkäppchen. In: Barth, Johannes (Hrsg.): Texte und Materialien. Grimms Märchen – modern. Prosa, Gedichte, Karikaturen. Stuttgart 1979, S. 62. Das Märchen wird im weiteren Verlauf der Arbeit im Fließtext hinter Zitaten mit <u>GriRo</u> abgekürzt. Zur Unterscheidung des Märchens „Rotkäppchen" und der Protagonistin Rotkäppchen erscheint der Titel des Märchens in der Arbeit kursiv. *Rotkäppchen* und Teile der Sekundärliteratur folgen der alten Rechtschreibung und werden in dieser Arbeit in direkten Zitaten ohne eine Kennzeichnung veralteter Rechtschreibung zitiert.

2   Vgl. Ellwanger, Wolfram/Grömminger, Arnold: Märchen. Erziehungshilfe oder Gefahr? Freiburg 1977, S.22.

3   Vgl. ebd., S.22f.

4   Auf eine solche Einschränkung weisen auch Ellwanger und Grömminger hin: Die Handlung des Volksmärchens sei „<u>zumeist</u> [Hervorh. d. d. Verf.] einsträngig und in leicht überblickbare Episoden gegliedert". Ebd.

2.1.2 Schema „Bewährungsprobe"

Die Ausgangssituation eines Märchens besteht in der Regel in einer Form von Mangel oder Konfliktsituation, die der Protagonist im Verlauf der Handlung lösen muss[5]. Diese „Darstellung von Schwierigkeiten und deren Bewältigung"[6] ist ebenso Bestandteil der Handlung von *Rotkäppchen*, wenngleich in erweiterter Form. Die Krankheit der Großmutter und der Auftrag für Rotkäppchen, ihr Wein und Kuchen zu bringen (vgl. GriRo, S.62), stellen dabei die thematische Aufgabe des Märchens und gleichzeitig eine Bewährungsprobe[7] für die Protagonistin dar. Allerdings ist Rotkäppchen dieser Aufgabe nicht gewachsen, scheitert und kann nur durch die Hilfe des Jägers sein Ziel, die Erfüllung der ursprünglichen Aufgabe, erreichen. Somit wird zwar die Schwierigkeit in der Handlung, nicht aber deren Bewältigung durch die Protagonistin dargestellt. Für diese zweite Komponente ist dem bekannten Märchen vom Rotkäppchen ein weniger bekannter Nachsatz beziehungsweise eine Fortsetzung angefügt, in welcher das Rotkäppchen, das aus seinen Fehlern in der vorherigen Geschichte gelernt hat, einen anderen Wolf mit einer List besiegt (vgl. GriRo, S.65). Damit besteht Rotkäppchen die anfangs gestellte Bewährungsprobe doch noch, wenn auch erst beim zweiten Versuch. Das Märchen entspricht damit in den Grundzügen seines Handlungsschemas denen des Volksmärchens.

2.2 Sprache

2.2.1 Formelhaftigkeit

Die Formelhaftigkeit in der sprachlichen Gestaltung ist ein typisches Merkmal des Volksmärchens und zeigt sich im vorliegenden Text auf mehreren Ebenen. Max Lüthi stellt fest: „Fest und formelhaft sind die Anfänge".[8] Dieses wohl offenkundigste Kennzeichen ist bereits im ersten Satz von *Rotkäppchen* beinhaltet: Die berühmte Märchenformel „Es war einmal" (GriRo, S.62) versetzt den Leser beziehungsweise Hörer sofort in Erwartung eines Märchens. Allerdings betrifft die Formelhaftigkeit auch „die Sprüche des Märchens".[9]

---

5   Vgl. Poser, Therese: Das Volksmärchen. Theorie, Analyse, Didaktik. München 1980, S.20.
6   Ellwanger/Grömminger, S.21.
7   Vgl. Poser, S.20.
8   Lüthi, Max: So leben sie noch heute. Betrachtungen zum Volksmärchen. Göttingen 1969, S.29.
9   Ebd.

Dieses Charakteristikum wird erfüllt, indem Rotkäppchen den als dessen Großmutter verkleideten Wolf mit vier syntaktisch identisch gestalteten Sätzen anspricht, die trotz der Ausrufungszeichen als Fragen zu verstehen sind: „,Ei, Großmutter, was hast du für große Ohren!' [...] ,Ei, Großmutter, was hast du für große Augen!' [...] ,Ei, Großmutter, was hast du für große Hände!' [...] ,Aber Großmutter, was hast du für ein entsetzlich großes Maul!'" (GriRo, S.64).

2.2.2 Satzbau

Dass der Satzbau des Volksmärchens von einfachen, gereihten Sätzen bestimmt wird,[10] überrascht kaum, wenn man bedenkt, dass die zentrale Gemeinsamkeit aller Werke dieser Gattung ihre Einfachheit[11] ist. Satzreihen wie „Dann tat er ihre Kleider an, setzte ihre Haube auf, legte sich in ihr Bett und zog die Vorhänge vor" (GriRo, S.63) finden sich an zahlreichen Stellen.

Ein weiteres typisches Phänomen fällt in folgenden Satzteilen auf: „[E]ine kleine süße Dirne, die hatte jedermann lieb" (vgl. GriRo, S.62); „ihre Großmutter, die wußte gar nicht" (vgl. GriRo, S.62). Hier wird in einer Reihe im ersten Satzteil ein Nomen verwendet und im nächsten durch das zugehörige Pronomen ersetzt. Diese „häufige pronominale Wiederholung eines Nomens (Prolepse)"[12] in *Rotkäppchen* ist ein weiteres Merkmal des Volksmärchens.

2.3 Abgrenzung vom Kunstmärchen

Eine dem Volksmärchen verwandte literarische Form ist das Kunstmärchen, von dem *Rotkäppchen* klar abzugrenzen ist. Zum einen ist bei einem Kunstmärchen stets der Verfasser bekannt, zum Beispiel Hans Christian Andersen als Verfasser des Märchens „Die kleine Seejungfrau". Volksmärchen dagegen entstehen durch mündliche Über-lieferungen[13] und es ist nur bekannt, wer den Text letztendlich schriftlich fixiert und/oder editiert hat, im Fall von *Rotkäppchen* die Gebrüder Grimm. Zum anderen unterscheidet sich die Art der Darstellung sehr stark. Während diese beim Volksmärchen von „Festigkeit,

---

10 Vgl. Poser, S.24.
11 Vgl. Kwiatkowski, Gerhard (Hrsg.): Die Literatur. Mannheim 1980, S.267.
12 Poser, S.24.
13 Vgl. Kwiatkowski, S.267ff.

Klarheit, Eindeutigkeit"[14] geprägt ist, neigen Verfasser von Kunstmärchen dazu, detailliert und poetisch zu beschreiben.[15] Das steht im klaren Gegensatz zu *Rotkäppchen*, aufgrund dessen geradliniger Erzählweise beispielsweise zwar schöne Blumen erwähnt werden, jedoch keine einzige beim Namen genannt wird (vgl. GriRo, S.63).

3 Analyse von Parodietexten

3.1 Parodien mit der Sprache von Rotkäppchen als Gegenstand

3.1.1 Rotkäppchen auf Amtsdeutsch: „Rotkäppchen, im amtlichen Sprachgut beinhaltet" von Thaddäus Troll

Im Zentrum dieser Arbeit steht die Analyse verschiedener Texte, die das Märchen *Rotkäppchen* der Gebrüder Grimm zum Gegenstand ihrer Verfremdung haben. Zuerst sollen Werke untersucht werden, die die charakteristische Sprache des Volksmärchens *Rotkäppchen*[16] abwandeln und in unterschiedliche Fachsprachen übertragen.

Der Text „Rotkäppchen, im amtlichen Sprachgut beinhaltet" von Hans Bayer, der unter dem Pseudonym Thaddäus Troll veröffentlicht wurde,[17] offenbart schon durch seinen Titel, dass eine Übertragung des Grimmschen Märchens in einen amtlichen Sprachstil das zentrale gestalterische Element darstellt. Dieser Umstand ist auch für die Zuordnung des Werkes zu einer literarischen Gattung von Bedeutung.

3.1.1.1 Einordnung

Bei dem vorliegenden Text handelt es sich um eine Travestie des Märchens *Rotkäppchen*. Eine Travestie verspottet ein bekanntes literarisches Werk „durch Wiedergabe seines Inhalts in unangemessener, grob veränderter sprachlich-stilistischer Form".[18] Indem Thaddäus Troll die kaum veränderte Handlung von *Rotkäppchen* von einer märchen- und formelhaften Schilderung fiktiver Ereignisse auf die Ebene eines sachlich-nüchternen amtlichen Berichtes hebt, erfüllt er diese Kriterien und erzeugt durch dieses

---

14 Lüthi, S.31.
15 Vgl. ebd., S.30.
16 Zur Sprache des Volksmärchens am Beispiel von Rotkäppchen vgl. 2.2.
17 Vgl. Troll, Thaddäus [Bayer, Hans]: Rotkäppchen, im amtlichen Sprachgut beinhaltet. In: Barth, Johannes (Hrsg.): Texte und Materialien. Grimms Märchen – modern. Prosa, Gedichte, Karikaturen. Stuttgart 1979, S. 71f. Die Travestie wird im weiteren Verlauf der Arbeit im Fließtext hinter Zitaten mit TroRo abgekürzt.
18 Kwiatkowski, S.416.

„Mißverhältnis von altem Inhalt und neuer Stilebene"[19] einen komischen Effekt, zu dem gleichzeitig verschiedene sprachliche Mittel beitragen.

3.1.1.2 Sprachliche Mittel

Zentrales stilistisches Element dieser Travestie ist der hohe Grad der Abstraktion. Die konkreten Formulierungen des Originals werden so stark wie möglich vereinfacht. Bei diesem Vorgehen handelt es sich um ein in der Rechtswissenschaft häufig angewendetes Prinzip. Eine Rechtsnorm ist dadurch gekennzeichnet, „dass sie eine Rechtsfolge an einen Tatbestand knüpft. Der Tatbestand umschreibt in abstrakter Weise die Tatumstände, die im konkreten Fall ‚erfüllt' sein müssen, um die Rechtsfolge ‚auszulösen'".[20] Um zu entscheiden, ob eine Tat die entsprechende Rechtsfolge nach sich ziehen muss, hat der Zuständige zu „überprüfen, ob sich der ihm vorliegende konkrete Sachverhalt unter einen abstrakten Tatbestand subsumieren lässt".[21] Dazu ist es notwendig zu abstrahieren, und genau so verfährt Troll hier mit dem Märchen *Rotkäppchen*. Im Original heißt es: „Der Jäger ging eben an dem Haus vorbei" (GriRo, S.64). Diesen Sachverhalt abstrahiert Troll folgendermaßen: „Der sich auf einem Dienstgang befindliche und im Forstwesen zuständige Waldbeamte B." (TroRo, S.72). Dieses Vorgehen findet sich an zahlreichen weiteren Stellen wieder, von denen nur noch eine genannt werden soll. Wo bei den Gebrüdern Grimm Rotkäppchens Mutter sagt: „‚Komm, Rotkäppchen, da hast du ein Stück Kuchen und eine Flasche Wein, bring das der Großmutter; sie ist krank und schwach und wird sich daran laben'" (GriRo, S.62), spricht Troll von „eine[r] Sendung von Nahrungs- und Genussmitteln zu Genesungszwecken" (TroRo, S.71). Hier abstrahiert Troll nicht nur, er verkürzt das Original sogar, indem er vollständig auf wörtliche Reden verzichtet, die in der Fassung der Gebrüder Grimm viel Platz einnehmen. Der sehr bekannte Dialog zwischen Rotkäppchen und dem als dessen Großmutter verkleideten Wolf (vgl. GriRo, S.64) fehlt beispielsweise vollständig. Dennoch bekennt sich Troll mit dem letzten Satz seiner Travestie zu dem Märchenursprung seines Werkes, indem er die weithin bekannte Schlussformel für Märchen „Und wenn sie nicht gestorben sind, dann leben sie noch heute" dem Stil des Textes konsequent folgend paraphrasiert: „Wenn die Beteiligten nicht durch Hinschied abgegangen und in Fortfall gekommen sind, sind dieselbigen derzeitig

---

19 Ebd.
20 Rechtsnorm. http://www.rechtslexikon.net/d/rechtsnorm/rechtsnorm.htm. 05.08.2016.
21 Ebd.

noch lebhaft" (TroRo, S.72), obwohl im Original *Rotkäppchen* diese Formel gar nicht auftaucht. Das liegt in der Tatsache begründet, dass Troll sich an dieser Stelle eher auf die weit verbreitete Vorstellung des Märchens als auf den exakten Wortlaut der Gebrüder Grimm bezieht. Diese Orientierung am allgemeinen Bild von *Rotkäppchen* wird auch bei einer Untersuchung des Inhalts deutlich.

3.1.1.3 Interpretation

Die Absicht einer Travestie ist grundsätzlich Spott.[22] Ziel des Spottes ist hier jedoch keineswegs das Märchen *Rotkäppchen*. Weder wird sein Inhalt lächerlich gemacht – sondern beinahe identisch übernommen – noch seine Sprache als anachronistisch verlacht, sondern als leserfreundlichere Alternative zum Amtsdeutsch dargestellt. Damit scheidet das Original *Rotkäppchen* als Gegenstand von Trolls Spott aus und lässt das Amtsdeutsch selbst als einzige verbliebene Möglichkeit offen. Tatsächlich dient die vorliegende Travestie als Mittel zur Kritik an dieser Form des Gebrauchs der deutschen Sprache, die Trolls Ansicht nach unnötig kompliziert formuliert und sich von der tatsächlichen Gebrauchssprache weit entfernt hat. Dabei darf auch der zeitliche Kontext der Travestie nicht unbeachtet bleiben. Mit dem Erscheinungsjahr 1953 fällt der Text in eine Zeit, die rückwirkend häufig mit dem Adjektiv spießig assoziiert wird.[23] Das mit den fünfziger Jahren verbundene ständige Streben nach Korrektheit[24] ist charakteristisch für die Gesellschaft der frühen Bundesrepublik. Dieses Ringen um bürokratische Korrektheit schließt selbstverständlich auch die sprachliche Ebene ein und genau dort setzen Trolls Spott und Kritik an. Das vorgebliche Streben nach Präzision und Richtigkeit im Sprachgebrauch, das in extrem versachlichte abwegige Formulierungen wie „Pulverschießvorrichtung zu Jagdzwecken" (TroRo, S.71) anstelle von Jagdgewehr, Schachtelsätze wie „Durch die unverhoffte Wiederbelebung bemächtigte sich beider Personen ein gesteigertes, amtlich nicht zulässiges Lebensgefühl, dem sie durch groben Unfug, öffentliches Ärgernis erregenden Lärm und Nichtbeachtung anderer Polizeiverordnungen Ausdruck verliehen, was ihre Haftpflichtigmachung zur Folge hatte"

---

22 Vgl. Kwiatkowski, S.416.
23 Vgl. Schildt, Axel: Gesellschaftliche Entwicklung. Auf: http://www.bpb.de/izpb/10124/gesellschaftliche-entwicklung?p=all. 01.08.2016.
24 Vgl. Ziehe, Thomas: Die alltägliche Verteidigung der Korrektheit. In: Kurme, Sebastian: Halbstarke. Jugendprotest in den 1950er Jahren in Deutschland und den USA. Auf: https://books.google.de/books?id=y6tjaS5IYOUC&printsec=frontcover&hl=de&source=gbs_atb#v=onepage. 05.08.2016.

(TroRo, S.72) und kaum lesbare Texte ausartet, darf aus Trolls Perspektive als Zeitkritik verstanden werden.

In Anbetracht der historischen Situation ergibt sich allerdings eine weitere Deutungsmöglichkeit. Die Art und Weise, wie in „Rotkäppchen, im amtlichen Sprachgut beinhaltet" die ursprünglich blutigen, grausamen Passagen mit sachlichen Formulierungen wie „Pulverschießvorrichtung" (TroRo, S.72) oder Euphemismen wie „durch Hinschied abgegangen" (TroRo, S.72) anstelle von „gestorben" verharmlost werden, ist typisch für die Bürokratie hinter der Tötungsmaschinerie der Nationalsozialisten und deren Vokabular im Allgemeinen gewesen. Die menschenverachtenden Methoden sind der deutschen Bevölkerung acht Jahre nach Ende des Zweiten Weltkriegs noch gegenwärtig gewesen. Einen weiteren Beleg für diese Lesart stellt eine Textstelle dar, in der der Jäger, anstatt einfach das Haus der Großmutter zu betreten, erst „bei seiner vorgesetzten Dienststelle ein Tötungsgesuch ein[holt]" (TroRo, S.72). Dadurch ist das Vorgehen des Jägers von amtlicher Seite genehmigt – und macht den Jäger de facto zu einem Befehlsempfänger und entbindet ihn seiner Eigenverantwortung. Mit einer solchen Befehlsstruktur rechtfertigten zahllose Nazi-Kriegsverbrecher wie beispielsweise Adolf Eichmann[25] nach dem Zweiten Weltkrieg ihr Handeln im Dritten Reich. Dies ist außerdem die einzige größere Veränderung des ursprünglichen Inhalts, die dieser Text aufweist.

Des Weiteren benutzt Troll das Wort „Menschenmaterial" (TroRo, S.72), das im Dritten Reich unter anderem in Zusammenhang mit den Experimenten an Häftlingen in Konzentrationslagern verwendet worden ist.[26] Alle diese Bezüge auf das Dritte Reich werfen die Frage auf, warum Troll beinahe ein Jahrzehnt nach Kriegsende noch ein solches Werk verfasst. Vor dem Hintergrund der Aufarbeitung der NS-Kriegsverbrechen kann diese Travestie als Mahnung verstanden werden, die Berufung auf die Befehlskette als Rechtfertigung nicht zu akzeptieren und die Entnazifizierung weiterhin konsequent voranzutreiben. Ein ähnlicher Grundgedanke findet sich auch in einer Karikatur aus dem Jahr 1946.[27]

---

25 Vgl. 50 Jahre Eichmann-Prozess. Auf: http://www.bpb.de/politik/hintergrund-aktuell/68641/50-jahre-eichmann-prozess-15-12-2011. 01.08.2016.
26 Vgl. Bartens, Werner: Die Perversion des Heilens. Auf:
    http://www.sueddeutsche.de/leben/menschenversuche-die-perversion-des-heilens-1.926062.
    01.08.2016.
27 Siehe Anhang.

Somit bildet das Märchen *Rotkäppchen* zwar die Grundlage der Verfremdung in „Rotkäppchen, in amtlichem Sprachgut beinhaltet", Ziel der Kritik sind aber wohl eher die Zeitumstände des Verfassers.[28]

3.1.2 Rotkäppchen im Mathematik-Jargon: „Das Märchen Rotkäppchen (aus der Sicht eines Mathematikers)" von Friedrich Wille

3.1.2.1 Einordnung

Anders als Troll hat Friedrich Wille in „Das Märchen Rotkäppchen (aus der Sicht eines Mathematikers)"[29] den Jargon der Mathematik gewählt. Zudem enthält der Text Anspielungen auf den Alltag an Hochschulen.

Beide Texte sind Travestien, die den Inhalt der Textvorlage *Rotkäppchen* weitestgehend unverändert belassen und sich durch sprachliche Abwandlungen auszeichnen. Friedrich Willes Travestie fällt hierbei durch stärkere inhaltliche Abweichungen auf.

3.1.2.2 Inhaltliche Gestaltung

Der Text ist durch zahlreiche Auslassungen gegenüber dem Original gekennzeichnet. So fehlen die Wegbeschreibung während Rotkäppchens Dialog mit dem Wolf, die Schilderung des Blumenpflückens sowie die Erwähnung des schnarchenden Wolfes (vgl. WiRo) vollständig. Zudem finden sich zahlreiche Änderungen des ursprünglichen Inhalts. Wo Rotkäppchens Großmutter bei den Gebrüdern Grimm noch mit Kuchen und Wein bedacht wird (vgl. GriRo S.62), gibt Rotkäppchens Mutter ihrer Tochter bei Wille zusätzlich noch eine Wurst mit (vgl. WiRo). Diese Veränderung rechtfertigt weder ein inhaltlicher Mehrwert, da die Wurst für den weiteren Handlungsverlauf keinerlei Bedeutung hat, noch die Notwendigkeit, der mathematischen Definition einer „Menge" (WiRo) zu entsprechen, da eine solche laut Georg Cantor, dem Begründer der Mengenlehre, lediglich als „eine Zusammenfassung von bestimmten wohlunterschiedenen Objekten [...], welche Elemente

---

28 Laut Winfried Freund kann ein verfremdendes Werk auch „nur als strukturelles Medium für eine nicht auf die Vorlage selbst zurückweisende kritische Intention" dienen; zit. nach Schoenauer, Rainer: Märchenparodien. Von der Parodie im Allgemeinen zur Märchenparodie im Besonderen. Norderstedt 2008, S.18.
29 Wille, Friedrich: Das Märchen Rotkäppchen (aus der Sicht eines Mathematikers). Auf: http://www.familie-ahlers.de/wissenschaftliche_witze/rotkaeppchen_mathematiker.html. 02.04.2016. Die Travestie wird im weiteren Verlauf der Arbeit im Fließtext hinter Zitaten mit <u>WiRo</u> abgekürzt.

der Menge genannt werden [...], zu einem Ganzen"[30] definiert ist, also unabhängig von der Anzahl ihrer Elemente. Das bedeutet, Wein und Kuchen im Original bilden aus mathematischer Sicht bereits eine Menge, die Ergänzung der Wurst ist also nicht von mathematischer Bedeutung. Somit kann hinter der Ergänzung des Begriffes Wurst nur die Erzeugung eines zusätzlichen komischen Effektes stehen. Diese Art von Witz bezeichnet Sigmund Freud als „Unsinnswitz"[31], dessen Ziel es sei, durch die „Anbringung von etwas Dummem, Unsinnigem, [...] die Veranschaulichung, Darstellung von etwas anderem Dummen und Unsinnigen"[32] zu erreichen. In Ermangelung einer sinnbasierten Interpretationsmöglichkeit scheint Freuds Deutungsansatz zutreffend und hält auch der Frage nach der für diesen Typus Witz notwendigen Intention stand. Der Unsinn, den Wille durch die Ergänzung der Wurst entlarven will, betrifft die beiden Lebensmittel des Originals. Dass Rotkäppchens Mutter Wein und Kuchen anstelle von Medizin zur Genesung der kranken Großmutter sendet (vgl. GriRo S. 62), erscheint erst dadurch absurd, indem Wille die Wurst als weiteres Mittel zu diesem Zweck ergänzt. Wille zielt also darauf ab, logische Fehler im Original offenzulegen. Dasselbe Ziel verfolgt er mit der Variation des Dialoges zwischen Rotkäppchen und dem als Großmutter verkleideten Wolf. Rotkäppchens Fragen (vgl. GriRo, S.64) übernimmt Wille beinahe im Wortlaut. Die Antworten des Wolfes dagegen werden völlig abgeändert: „,Ich habe gerade mein BAföG erhalten!' [...] ,Ich habe versucht, Prüfungsfragen durch die Tür zu erlauschen!' [...] ,Ich habe gerade versucht, das Mensa-Essen zu schlucken!'" (WiRo). Zwar versucht der Wolf wie im Original, die Mängel seiner Verkleidung zu kaschieren und Rotkäppchen von seiner vorgeblichen Identität zu überzeugen, allerdings wirkt die Rechtfertigung des Wolfes in Willes Travestie noch hanebüchener als im Original. Dieser Effekt kommt dadurch zustande, dass die Antworten völlig aus dem Märchenkontext fallen, da sie im Alltag an einer Hochschule verortet sind (vgl. WiRo). Auch hier zeigt sich Willes Absicht, das Märchen *Rotkäppchen* durch Übertreibung dessen eigener Komponenten[33] ins Lächerliche zu ziehen. Nicht auszuschließen ist auch, dass sich Wille über den Hochschulbetrieb lustig macht. Diese Verständnisebene ist allerdings nur denjenigen

---

30 Zit. nach Pareigis, Bodo: Grundbegriffe der Mengenlehre. Auf: http://www.mathematik.uni-muenchen.de/~pareigis/Vorlesungen/98WS/linalg1.pdf. 02.08.2016.
31 Freud, Sigmund: Der Witz und seine Beziehung zum Unbewussten. Frankfurt am Main 1992, S.72.
32 Ebd., S.74.
33 Hier: eine unglaubwürdige Rechtfertigung; zuvor: ungeeignete Lebensmittel zur Genesung der Großmutter.

zugänglich, die ebendiesen Hochschulalltag kennen. Diese Eingrenzung der Zielgruppe der Travestie zeigt sich auch anhand deren sprachlicher Gestaltung.

3.1.2.3 Sprachliche Mittel

Betrachtet man die Tatsache, dass Friedrich Wille selbst Mathematikprofessor gewesen ist, überrascht es nicht, dass das zentrale stilistische Mittel seiner Travestie die Überführung der märchentypischen Sprache von *Rotkäppchen*[34] in den fachsprachlichen Stil der Mathematik ist. Dies wird offenkundig, wenn von Definition durch Zuordnung, Addition und Subtraktion oder einer konvexen Hülle die Rede ist (vgl. WiRo). Diese Abwandlung des Originals bezieht ihre Daseinsberechtigung lediglich aus Unterhaltung der entsprechenden Zielgruppe, die in diesem Fall aus Personen besteht, die sich für Mathematik begeistern und auch fachsprachliche Wortspiele erkennen. Beispielhaft dafür steht die Verwendung des Ausdruckes „kartesische[r] Brunnen" (WiRo). Auch hier kommt eine Technik zum Einsatz, die Sigmund Freud beschrieben und als „Verdichtung mit Ersatzbildung"[35] bezeichnet hat. Wille erschafft hier ein sogenanntes „Mischwort"[36] aus den Begriffen „artesischer Brunnen" und „kartesisch". Letzterer bezeichnet in der Mathematik Sachverhalte, die im Zusammenhang mit René Descartes, einem französischen Philosophen, Naturwissenschaftler und Mathematiker, dessen latinisierter Name Renatus Cartesius lautet,[37] stehen. Um Willes Wortspiel zu verstehen ist es also unerlässlich, beide Begriffe zu kennen. Die präzise technische Ausarbeitung dieses Witzes täuscht jedoch nicht darüber hinweg, dass hier der Fokus eindeutig auf der Belustigung der entsprechenden Zielgruppe liegt und kein kritischer Anspruch zu erkennen ist.

Wille erzeugt weitere komische Effekte, indem er der Fachsprache Termini entnimmt und sie im Kontext des Märchens verwendet. Als Beispiel dafür lässt sich die Formulierung „[d]ie im Wolf integrierten Personen" (WiRo) anführen. Ohne den fachlichen Hintergrund erscheint das Wort „integriert" hier schlicht als technischere Entsprechung von „enthalten" oder „eingeschlossen" und verfehlt als Witz seine Wirkung. Setzt man „integriert" allerdings in den mathematischen Kontext der Integralrechnung, wo das

---

34 Vgl. 2.2.
35 Freud, S.36.
36 Ebd.
37 Descartes. Auf: http://www.spektrum.de/lexikon/physik/descartes/2919. 03.08.2016.

„Integrieren" eine mathematische Operation bezeichnet,[38] entsteht der komische Effekt durch die Polysemie des verwendeten Wortes. Auch hier ist mathematisches Fachwissen entscheidend für das Verständnis von Willes Text.

3.1.3 Vergleich der beiden Texte

Die beiden analysierten Texte weisen sowohl formale Gemeinsamkeiten als auch intentionale Unterschiede auf. Die offensichtlichste Übereinstimmung betrifft die Gattung der Texte, bei denen es sich in beiden Fällen um Travestien handelt. Ebenso wird das Märchen *Rotkäppchen* in beiden Fällen in den Stil eines Fachjargons übertragen.

Betrachtet man jedoch den jeweils beabsichtigten Effekt von sprachlichen und inhaltlichen Veränderungen, zeigt sich eine gewisse Komplementarität zwischen den beiden Travestien. Bei Troll bleibt der Inhalt des Originals mit Ausnahme einer Passage unverändert, das Gros der Kritik wird über die Sprache vermittelt. Wille dagegen verwendet sprachliche Abweichungen ausschließlich zu Unterhaltungszwecken und setzt inhaltliche Variation zum Transport seiner Kritik ein. Damit handelt es sich bei „Das Märchen Rotkäppchen (aus der Sicht eines Mathematikers)" formal um eine Mischform von Parodie und Travestie, da neben der Sprache des Originals auch der Inhalt bedeutend abgewandelt wird. Bezüglich des Gegenstandes der Kritik entspricht Willes Text allerdings exakt der Definition der Travestie, die eine „Verspottung eines bekannten literarischen Werkes"[39] (hier: *Rotkäppchen*) fordert. Dieser Forderung kommt Wille durch die Offenlegung logischer Fehler in der Märchenvorlage nach. Komplementär dazu steht Trolls Travestie, die durch ihre wenigen, unbedeutenden inhaltlichen Abweichungen zwar den formalen Regeln ihrer Gattung folgt, nicht aber, was das Ziel ihrer Kritik anbelangt. Troll übt Kritik an seiner Gegenwart und der Aufarbeitung der Vergangenheit derselbe anstelle einer Verspottung des Märchens *Rotkäppchen*.

---

38 Vgl. Oevel, Walter: Integration. Auf: http://math-www.uni-paderborn.de/~walter/teachingSS01/Kapitel41.pdf. 03.08.2016, S.55.
39 Kwiatkowski, S.416.

3.2 Parodien auf das Motiv von Rotkäppchen

3.2.1 Ein modernes Rotkäppchen: „Das kleine Mädchen und der Wolf"

Mit den Parodien, die sich auf das Motiv des Grimmschen Märchens und das damit verbundene Erziehungsideal beziehen, öffnet sich ein weites Feld an möglichen Werken für eine Analyse. Da das Märchen als Erziehungsmittel stark in der Kritik steht und von vielen als zu diesem Zweck ungeeignet angesehen wird,[40] ist eine Vielfalt an Verfremdungen entstanden, die die pädagogische Komponente des Märchens zum Ziel ihrer Kritik haben.[41]

„Das kleine Mädchen und der Wolf" von James Thurber[42] fällt bei der Betrachtung des Titels insofern aus der Reihe der analysierten Texte, als dass das Werk als einziges nicht den Namen der Protagonistin Rotkäppchen im Titel führt. Auf diese Besonderheit wird im Folgenden ebenso eingegangen werden wie auf die Gattung des Textes und seine inhaltliche Gestaltung.

3.2.1.1 Einordnung

Thurbers Text ist der Gattung Parodie zuzuordnen. Unter einer Parodie versteht man eine Nachahmung „unter Beibehaltung kennzeichnender Formmerkmale, aber mit gegen-teiliger Absicht".[43] Thurbers Werk erfüllt diese Anforderungen, indem zwar die märchentypische Erzählweise mit ihrer charakteristischen Sprache übernommen, das zentrale Motiv jedoch völlig umgekehrt wird.

3.2.1.2 Sprachliche Mittel

Die Sprache von „Das kleine Mädchen und der Wolf" imitiert, wie bereits angedeutet, den Stil des Volksmärchens. Das offensichtlichste Anzeichen dafür ist der mit „Eines Nachmittags" (ThuRo) formelhafte Beginn des Textes, der darüber hinaus noch eine unbestimmte Zeitangabe darstellt.[44] Ein weiteres Merkmal des Volksmärchens, das

---

40 Vgl. dazu Ellwanger/Grömminger, S.18ff. sowie Poser, S.82 f.
41 Hans Ritz stellt fest, dass „die neueren Rotkäppchenvariationen dazu neigen, das in der didaktischen Tradition zu Tode gerittene Erziehungsmärchen zu entpädagogisieren". Vgl. Ritz, Hans: Die Geschichte vom Rotkäppchen. Ursprünge, Analysen, Parodien eines Märchens. Göttingen 1992, S.57.
42 Thurber, James: Das kleine Mädchen und der Wolf. In: Barth, Johannes (Hrsg.): Texte und Materialien. Grimms Märchen – modern. Prosa, Gedichte, Karikaturen. Stuttgart 1979, S.70. Die Parodie wird im weiteren Verlauf der Arbeit hinter Zitaten mit ThuRo abgekürzt.
43 Kwiatkowski, S.312.
44 Vgl. Poser, S.22.

Thurber übernimmt, ist die Art und Weise der Beschreibung, die Nennung von Märchenelementen anstatt ihrer Schilderung,[45] in Kombination mit einer von Max Lüthi sogenannten „Vereinzelung der Beiwörter".[46] So wird beispielsweise der Wolf nicht mit allen Facetten seines Äußeren beschrieben, sondern schlicht als „ein großer Wolf" (ThuRo) bezeichnet. Die Nähe zum Volksmärchen zeigt sich zudem im parataktischen Satzbau,[47] der besonders in der ersten Hälfte des Textes (vgl. ThuRo) auffällt. Auch wird hier für die Zeitgestaltung das typische epische Präteritum verwendet.[48] Wenn man bedenkt, dass Thurber für die zweite Texthälfte das Präsens einsetzt, um sich deutlich von der Märchenvorlage zu distanzieren, wird die anfängliche Anlehnung an das Volksmärchen besonders augenfällig.

Eine Besonderheit stellt Thurbers Bezeichnung für die Protagonistin seiner Parodie dar. Sie wird im Verlauf der gesamten Handlung nur als „kleines Mädchen" (ThuRo) bezeichnet, nie als Rotkäppchen.[49] Dass jeder Leser, von dem nach Definition der Parodie die Kenntnis des Originalmärchens gefordert wird,[50] das kleine Mädchen mühelos als Rotkäppchen identifizieren kann, lässt sich auf zwei zentrale Aspekte zurückführen. Zum einen ist durch die oben skizzierte sprachliche Gestaltung der Parodie der Bezug zu den Grimmschen Märchen offenkundig. Welches davon Thurber genau parodiert und was Ziel seiner Kritik ist, geht jedoch erst aus der inhaltlichen Gestaltung hervor.

3.2.1.3 Inhaltliche Gestaltung

Die Figurenkonstellation liefert maßgeblich die Grundlage dafür, die vorliegende Parodie mit dem Märchen *Rotkäppchen* in Verbindung zu setzen. Das Auftreten eines kleinen Mädchens in Kombination mit seiner Großmutter und einem Wolf ist innerhalb der Märchen, deren Bekanntheit vorausgesetzt werden darf, einmalig. Die erste Texthälfte birgt zudem weitere Hinweise auf das Original. Indem neben dem Dialog zwischen Rotkäppchen und dem Wolf – zwar in gekürzter, leicht abgewandelter Form, aber dennoch als erkennbarem Verweis auf das Originalmärchen (vgl. ThuRo) – auch das Motiv des Korbes mit Lebensmitteln, den das Rotkäppchen zu ihrer Großmutter bringen soll (vgl.

---

45 Vgl. Lüthi, S.31.
46 Ebd., S.32.
47 Vgl. Poser, S.24.
48 Vgl. ebd., S.22.
49 Vgl. hierzu ausführlich 3.2.1.3.
50 Vgl. Kwiatkowski, S.312.

ThuRo), in der Parodie auftauchen, wird der Bezug zu Rotkäppchen deutlich gemacht, ohne die bekannte Märchenfigur tatsächlich beim Namen zu nennen.

Das eigentliche Grundprinzip der Parodie, nämlich die inhaltliche Abwandlung des Originals unter Beibehaltung der äußeren Form, wird erst in der zweiten Texthälfte deutlich, obgleich Thurber bereits zu Beginn einige inhaltliche Änderungen und Kürzungen vornimmt. Rotkäppchens Mutter und der mit ihr verbundene Teil der Handlung (vgl. GriRo, S.62) fallen gänzlich weg. Stattdessen beginnt die Geschichte aus der Perspektive des Wolfes, der auf „ein kleines Mädchen mit einem Korb voller Lebensmittel für ihre [sic] Großmutter" (ThuRo) wartet. Das eröffnet eine neue Perspektive bezüglich des Wolfes, der bei den Gebrüdern Grimm eher aus einer sich bietenden Gelegenheit heraus handelt, hier jedoch gezielt einem Opfer auflauert. Dass das kleine Mädchen, das im nächsten Satz auftritt, so exakt ins Beuteschema des Wolfes passt, sorgt für einen komischen Effekt.

Von größerer Bedeutung sind die inhaltlichen Abweichungen in der zweiten Texthälfte. Mit dem einleitenden Satz: „Als das kleine Mädchen das Haus ihrer [sic] Großmutter betrat, sah sie [sic], daß jemand im Bett lag, der ein Nachthemd und eine Nachthaube trug." (ThuRo) geht noch keine Abwandlung des Originals einher, lediglich die Verschlingung der Großmutter durch den Wolf wird ausgelassen. Der nächste Satz jedoch offenbart Thurbers Intention: Indem das kleine Mädchen die Verkleidung des Wolfes durchschaut, wird es nicht dessen Opfer. Aus dem naiven Rotkäppchen der Gebrüder Grimm, das in seiner Gutgläubigkeit vom Wolf verschlungen werden kann, wird bei Thurber ein kritisches Mädchen, das Zustände hinterfragt, „kein duldendes, hilfloses Geschöpf"[51] mehr ist und den Wolf mit Leichtigkeit entlarven kann. Dadurch übt er Kritik am Originalmädchen, genauer gesagt an seiner Realitätsferne.[52] Der Satz „[S]elbst in einer Nachthaube sieht ein Wolf einer Großmutter nicht ähnlicher als der Metro-Goldwyn-Löwe dem Präsidenten der Vereinigten Staaten" (ThuRo) karikiert die Unfähigkeit des Rotkäppchens aus dem Original, eine so durchsichtige Verkleidung wie die des Wolfes zu durchschauen. Ferner nimmt Thurber „die starke Pädagogisierung des [Originalm]ärchens"[53] ins Visier. Dort sollen äußerliche, meist elterliche Vorschriften verinnerlicht werden,[54] während abweichendes Verhalten als Gefahr inszeniert wird.[55]

---

51 Ritz, S.57.
52 Vgl. Schoenauer, S.11.
53 Ritz, S.29.
54 Vgl. ebd.
55 Vgl. ebd., S.30.

Überhaupt werden Volksmärchen als solche oft als Mittel betrachtet, „Kinder zu Gehorsam, Anpassung, Weltfremdheit und Naivität zu erziehen".[56] Dass nach Ansicht der Gebrüder Grimm Märchen hörende Kinder ebendiese Entwicklung durchlaufen[57] und zu folgsamen, abhängigen Individuen[58] erzogen werden sollen, kritisiert Thurber, indem er in seiner Parodie das komplette Gegenteil dieses Erziehungsideals anhand der Figur des kleinen Mädchens aufzeigt. Dass er den Namen „Rotkäppchen" nicht übernimmt, zeugt ebenso von seiner klaren Distanzierung von den pädagogischen Vorstellungen der Gebrüder Grimm wie die Ergänzung folgender Moral am Ende des Märchens: „Es ist nicht mehr so leicht wie ehedem, kleinen Mädchen etwas vorzumachen" (ThuRo). Die Gebrüder Grimm bevorzugten die implizite Vermittlung der Moral eines Märchens,[59] Thurber dagegen will seine Vorstellung eines „moderne[n] Rotkäppchen[s]",[60] das junge Leser „zu selbstständigeren Menschen erziehen"[61] soll, unterstreichen.

Der Parodist geht sogar noch einen Schritt weiter, indem das kleine Mädchen nicht nur die List durchschaut, sondern sich auch mithilfe eines Revolvers zu wehren weiß (vgl. ThuRo). Einer Fußnote lässt sich entnehmen, dass das betreffende Modell „Browning" (ThuRo) erst nach dem Tod der Gebrüder Grimm entwickelt worden sein kann (vgl. ThuRo) und damit sowohl zeitlich als auch inhaltlich völlig unpassend wirkt im Kontext einer Märchenwelt, die außer der Flinte des Jägers keine Schusswaffen kennt. Das bewirkt einen komischen Effekt: „Man lacht über etwas Unerwartetes, über das plötzliche Zusammentreffen zweier eigentlich nicht zueinander passender Kontexte".[62] Dass auf diese Weise das für das Volksmärchen typische Schema „Erwartung und Erfüllung"[63] durchbrochen wird, verstärkt den Effekt noch. Zudem bietet der Revolver Thurber die Möglichkeit, das Märchen *Rotkäppchen* als anachronistisch darzustellen.

Insgesamt handelt es sich bei Thurbers Parodie um eine Umkehrung des Originals. Diesen Ansatz wählen viele Parodisten,[64] allerdings betreffen solche Umkehrungen üblicherweise

---

56 Poser, S.86f.
57 Vgl. Ritz, S.30.
58 Vgl. ebd., S.53.
59 Vgl. ebd., S.29.
60 Ebd., S.57.
61 Schoenauer, S.17.
62 Behrmann, Sven: Politische Satire im deutschen und französischen Rundfunk. Würzburg 2002, S.17.
63 Lüthi, S.24.
64 Vgl. Schoenauer, S.15.

die Rollen, beispielsweise in „Der Wolf und das böse Rotkäppchen".[65] Thurber dagegen verschiebt die Machtverhältnisse. Der Wolf, der ursprünglich durch seine Hinterlist dem Rotkäppchen weit überlegen gewesen ist und ohne das Zutun des Jägers sowohl das Kind als auch dessen Großmutter ohne Schwierigkeiten hätte verschlingen können, ist nun in einer unterlegenen Position gegenüber dem aufmerksamen kleinen Mädchen, das seinerseits nicht nur in der Lage ist, die List des Wolfes zu durchschauen, sondern dem auch selbstständig ein (gewaltsames) Ende zu bereiten. Somit sind die Machtverhältnisse in Thubers Parodie umgekehrt, was erneut seine Kritik an der Grimmschen Pädagogik und sein Eintreten für eine Erziehung hin zur Autonomie zum Ausdruck bringt.

3.2.2 Rotkäppchen als Propaganda: „Little Red Riding Hood (Has a Gun)"

Der letzte noch zu analysierende Text ist zugleich der zuletzt veröffentlichte.[66] Amelia Hamiltons „Little Red Riding Hood (Has a Gun)"[67] ist die Geschichte eines Rotkäppchens und seiner Großmutter, die sich als Schusswaffenbesitzerinnen gegen den Wolf zu wehren wissen, und als einziger in der Auswahl dieser Arbeit bisher nur in englischer Sprache erschienen. Zudem macht ihn seine Veröffentlichung auf der Website der National Rifle Association, kurz NRA, der US-amerikanischen Waffenlobby, die sich als „major political force and as America's foremost defender of Second Amendment rights"[68] versteht, zu einem interessanten Gegenstand der nachfolgenden Analyse.

3.2.2.1 Einordnung

Der Text kann in einem erweiterten Parodiebegriff als solche verstanden werden. Dem Anspruch der „Nachahmung einer Vorlage […] unter Beibehaltung der äußeren Form, doch mit anderem Inhalt"[69] wird er allerdings nur zum Teil gerecht. Was die Form anbelangt, bleibt Hamilton zwar innerhalb der Gattung des Märchens, verwandelt jedoch

---

65 „Der Wolf und das böse Rotkäppchen". In: Schoenauer, Rainer: Märchenparodien. Von der Parodie im Allgemeinen zur Märchenparodie im Besonderen. Norderstedt 2008. S.36.
66 Erscheinungsdatum ist der 14. Januar 2016.
67 Hamilton, Amelia: „Little Red Riding Hood (Has a Gun)". Auf: https://www.nrafamily.org/articles/2016/1/13/little-red-riding-hood-has-a-gun/. 14.10.2016. Der Text wird im weiteren Verlauf der Arbeit im Fließtext hinter Zitaten mit HaRo abgekürzt.
68 „A brief history of the NRA". Auf: https://home.nra.org/about-the-nra/. 14.10.2016. Unter „Second Amendment rights" wird in erster Linie „the right of the people to keep and bear arms" verstanden. Dazu: https://www.law.cornell.edu/constitution/second_amendment. 14.10.2016.
69 Brednich, Wolfgang; zit. nach Schoenauer, S.6.

das Original, ein Volksmärchen, in ein Kunstmärchen.[70] Der veränderte Inhalt, den die Definition fordert, wird schon durch die Überschrift augenfällig, die durch die Erwähnung einer Schusswaffe in der Überschrift (vgl. HaRo) ein Element einführt, das im starken Kontrast zur klassischen Märchenwelt steht. In der „Editor's Note" (HaRo), gewissermaßen dem Vorwort des Textes, wird derselbe als „twist on [...] classical tales" (HaRo) bezeichnet. Dieser Dreh oder Kniff macht aus dem Original eine Parodie.

3.2.2.2 Gesellschaftlicher Hintergrund

„Little Red Riding Hood (Has a Gun)" ist die erste Episode (vgl. HaRo) einer Reihe von Umwandlungen bekannter Märchen, in denen die Frage nach deren Ausgang gestellt wird, „if the hapless Red Riding Hoods, Hansels and Gretels had been taught about gun safety and how to use firearms" (HaRo). Dass demnach Schusswaffen für mehr Sicherheit sorgen (vgl. HaRo), ist eine zumindest diskussionswürdige Ansicht. Diese alternativen Märchen richten sich an Eltern und ihre Kinder (vgl. HaRo). Damit folgt die NRA ihrem Prinzip als „firearms education organization",[71] die sich neben lockeren Waffengesetzen auch für die frühe Heranführung an Schusswaffen und deren Gebrauch einsetzt.[72] Zu diesem Zweck nimmt die NRA in hohem Maße Einfluss auf die Politik, hauptsächlich in Form von Spenden. Momentane Mitglieder des Kongresses haben seit 1998 bereits 3 781 803 Dollar an Spendengeldern erhalten, 44% der US-Senatoren und 249 von 435 Abgeordneten im Repräsentantenhaus haben ebenfalls die finanzielle Unterstützung der Waffenlobby angenommen.[73] Ebenso finanziert die NRA den Wahlkampf des Republikanischen Präsidentschaftskandidaten Donald Trump mit bisher über 21 Millionen Dollar, um den Wahlsieg über die Demokratin Hillary Clinton zu erringen, die Richter für den Obersten Gerichtshof nominieren will, die für strengere Waffengesetze eintreten.[74]

---

70   Weitere Ausführungen zur Annäherung an diese Gattung folgen unter 3.2.2.3 und 3.2.2.4.
71   „A brief history of the NRA". Auf: https://home.nra.org/about-the-nra/. 14.10.2016.
72   Ebd.
73   Vgl. Williams, Aaron: Has your U.S. Congress person received donations from the NRA? Auf: https://www.washingtonpost.com/graphics/national/nra-donations/. 14.10.2016.
74   Vgl. Schuppe, Jon: NRA Sticking With Trump, Breaks Own Record for Campaign Spending. Auf: http://www.nbcnews.com/news/us-news/nra-sticking-trump-breaks-own-record-campaign-spending-n665056. 14.10.2016.

3.2.2.3 Sprachliche Mittel

Bei der Untersuchung der sprachlichen Gestaltung muss berücksichtigt werden, dass der Text nur in englischer Sprache existiert und deshalb nur bedingt mit dem deutschen Märchen *Rotkäppchen* vergleichen lässt.

Dennoch fallen Abweichungen von der Erzählweise des Volksmärchens auf. Anstelle der für diese Gattung typischen „Sublimierung [...] zu[gunsten] klarer, reiner Form"[75] ergeht sich Hamilton in detaillierten Beschreibungen. So schildert sie, wie Rotkäppchens Atem in der kalten Luft Wolken bildet (vgl. HaRo), wie das Mädchen „evergreen boughs" (HaRo) zu einem Strauß bindet und mit seiner Großmutter „chicken soup and a cup of tea" (HaRo) zu sich nimmt. All das hat keinen Einfluss auf die Handlung und dient nur der Erschaffung einer szenischen Atmosphäre. Damit nähert sich Hamilton klar der ausschweifenden Erzählweise des Kunstmärchens an.[76]

Diese Tendenz wird noch an einer weiteren Passage deutlich. Der Moment, in dem der Wolf der Großmutter gegenübersteht, wird durch eine Klimax dramatisch aufgebaut: „Grandma had heard of this wolf before; the hunters had spoken of him. This was not just any wolf. This was the most horrible wolf in the forest. This was The Big Bad Wolf" (HaRo). Die Verwendung der Zahl drei, wenn hier auch implizit, ist grundsätzlich zwar typisch für das Volksmärchen.[77] Die Indirektheit, mit der sich Hamilton zum Zweck des Spannungsaufbaus der finalen Enthüllung[78] am Ende der Klimax annähert, ist dagegen untypisch für Volksmärchen, wo in der Regel „die entschlossen vorwärtsschreitende Handlung"[79] den Vorzug erhält.

Eine Referenz i auf die Verfasser des Originalmärchens n Form eines Wortspiels lässt sich dennoch finden. Im Vorwort werden klassische Kindermärchen als „grim" (HaRo) bezeichnet, was grundsätzlich zwar „düster" bedeutet, aber gleichzeitig in Schriftbild und Klang einen klaren Verweis auf die Gebrüder Grimm darstellt. Ob dieser allerdings als Hommage gedacht ist, darf bezweifelt werden. Die Grimmsche Märchenvorlage ist wohl nur aufgrund ihrer großen Bekanntheit und damit Eignung zur Verbreitung der Ansichten

---

75 Lüthi, S.34.
76 Zur Unterscheidung von Volks- und Kunstmärchen vgl. 2.3.
77 Vgl. Poser, S.25.
78 Gemeint ist der Umstand, dass es sich um den Großen, Bösen Wolf handelt.
79 Lüthi, S.30.

der Waffenlobby als Ausgangsstoff für die vorliegende Parodie gewählt worden ist, nicht um den Gebrüdern Grimm Respekt zu zollen.

Eine weitere sprachliche Auffälligkeit ist aufgrund der abweichenden Intention gesondert von den bisher genannten Gestaltungsmitteln zu betrachten. An zahlreichen Passagen der Parodie finden sich Begriffe aus dem Wortfeld der Defensive und Sicherheit. Rotkäppchen besitzt ein Gewehr, um „safe" (HaRo) zu sein, die Großmutter verwendet eine Schrotflinte „to protect herself and her home" (HaRo), der Wolf ist verärgert, weil die beiden in der Lage sind, „to protect themselves" (HaRo) und „[to] defend themselves" (HaRo). Schlussendlich befinden sich die beiden in „security" (HaRo) und auch die Schlussformel, die für Märchen in englischer Sprache üblicherweise „And they all lived happily ever after" lautet, wird in „And they all lived safely ever after" (HaRo) umgewandelt. Die verstärkte Verwendung der Begriffe aus dem genannten Wortfeld suggeriert, Schusswaffen böten Schutz und seien daher zu befürworten und zu fördern. Indem bereits jungen Märchenkonsumenten eine solche Haltung zu Schusswaffen vermittelt wird, kann die NRA ihr Ziel der Manipulation erreichen.

3.2.2.4 Inhaltliche Gestaltung

Im Großen und Ganzen behält Amelia Hamilton die Struktur des Originalmärchens bei: Die Darstellung der Ausgangssituation, Rotkäppchens Kontakt mit dem Wolf, das Aufsuchen der Großmutter durch den Wolf, die Ankunft Rotkäppchens bei der Großmutter und schließlich auch die des Jägers. Dennoch finden sich bei jedem dieser Handlungsschritte Abweichungen.

Die Ausgangssituation ist mit wenigen Ausnahmen deckungsgleich mit „Rotkäppchen". Im Original erhält Rotkäppchen seinen Namen aufgrund einer Kappe, die es von seiner Großmutter erhalten hat. Hier dagegen trägt Rotkäppchen seinen Spitznamen wegen eines „riding cloak of red velvet" (HaRo) zum Schutz vor der Winterskälte. Die vollständige Handlung im Winter anzusiedeln gibt Hamilton die Möglichkeit, zusätzliche gestalterische Mittel zur Spannungssteigerung einzusetzen, so zum Beispiel unmittelbar vor Rotkäppchens erstem Dialog mit dem Wolf. Hier besteht die Variation im Vergleich zur Grimmschen Version darin, dass das Mädchen im Schnee nach Tierspuren sucht, nur um nach kurzer Zeit die eines Wolfes zu erkennen. Durch dieses typisch kindliche Verhalten beabsichtigt die Autorin eine verstärkte Identifikation junger Märchenkonsumenten mit der Hauptfigur. Diese intensivierte Bindung ist essenziell für die Verbreitung der Ansichten der Waffenlobby schon bei Kindern. Mit dieser Intention folgt auf ein Identifikationsmoment unmittelbar eines der Indoktrination. Mit einem Blick auf das Gewehr des Mädchens wagt sich der Wolf, anders als im Original, wo er Rotkäppchen offen anspricht, nicht aus dem Schutz der Bäume (vgl. HaRo). Als Rotkäppchen sein Gewehr dann auch noch von der Schulter nimmt, flieht der Wolf aus Angst. Dadurch suggeriert Hamilton, durch Schusswaffen sei ein optimaler Schutz gewährleistet, zum Teil schon alleine durch Abschreckung. Diesen Umstand nimmt das Rotkäppchen in der Parodie als „reassuring weight of the rifle on her shoulder" (HaRo) wahr. Auch der Umstand, dass sich das Mädchen nicht, wie im Original, naiv von dem Raubtier in ein Gespräch verwickeln lässt, zeugt von einem anderen Bild der jungen Protagonistin, die abgebrühter wirkt. Wie das im Vergleich zu James Thurbers modernem, kritischem Rotkäppchen zu bewerten ist, wird unter 3.2.3 erörtert werden.

Auf diese Episode folgt das Äquivalent zum Blumenpflücken bei den Gebrüdern Grimm. Rotkäppchen sitzt auf seiner Lieblingswiese, trinkt Wasser und flicht der Großmutter einen Strauß aus immergrünen Zweigen (vgl. HaRo). Diese Abwandlung unterstützt das Gefüge der Gesamthandlung. Die Szene gibt das Zeitfenster vor, in dem der Wolf die Großmutter aufsuchen (und im Original verschlingen) kann. Das Blumenpflücken als Symbol für die Unbesonnenheit und leichtfertige Vernachlässigung elterlicher Weisungen kann Hamilton jedoch nicht übernehmen, will sie doch ein wehrhaftes, modernes Rotkäppchen skizzieren.

Stärkere Veränderungen fallen beim Zusammentreffen von Wolf und Großmutter auf. Im Original geht der Wolf „ohne ein Wort zu sprechen, gerade zum Bett der Großmutter und verschluckt[...] sie" (GriRo, S.63). Nicht so bei Hamilton, wo die Identität des Wolfes durch eine dramatische Klimax enthüllt wird und darauf der Dialog folgt, der bei „Rotkäppchen" zwischen dem Mädchen und dem als dessen Großmutter verkleideten Wolf abläuft. In der Parodie stellt allerdings die Großmutter die Fragen, während der Wolf in der Rolle des Antwortenden verbleibt (vgl. GriRo, S.64; HaRo). Inhaltlich sind die Fragen identisch, nur die Reihenfolge variiert, indem die ersten beiden getauscht worden sind (vgl. GriRo, S.64; HaRo). Diese Veränderung ist vernachlässigbar, nicht so die neue Besetzung der Rollen im Gespräch. Dass Rotkäppchen selbst den Wolf befragt, stünde im starken Widerspruch zu dem kritischen und wehrhaften Mädchen, das Hamilton darstellen will. Deshalb scheidet das Mädchen für die Rolle der Fragenden aus. Der Wolf muss in der Position des Antwortenden verbleiben (vgl. HaRo), sind doch alle Fragen speziell auf seine Physis ausgerichtet. Hier besteht zwar Potenzial für einen Widerspruch mit dem daraus resultierenden komischen Effekt, doch Hamilton verfolgt mit der Parodie weniger humoristische als propagandistische Zwecke, die durch eine komische Verfremdung weniger unterstützt würden als durch die abweichende inhaltliche Gestaltung, für die sich die Autorin tatsächlich entschieden hat. Somit muss der Wolf, wie auch im Original, die Antworten geben (vgl. HaRo), während Rotkäppchen selbst sich nicht zur Fragestellerin in der Parodie eignet. Aus dem Kreis der zentralen Figuren (den Jäger ausgenommen, da er weder im Original noch in der Parodie in dieser Phase der Handlung bereits eingeführt ist) bleibt somit nur noch die Großmutter als mögliche Besetzung für die Rolle der Fragenden (vgl. HaRo). Auf den Dialog als bekanntes Element des Originals zu verzichten, wäre grundsätzlich zwar möglich, da für einen erwachsenen Leser die zahlreichen Referenzen zum Originalmärchen auch ohne diese Passage erkennbar wären, allerdings richtet sich Hamiltons Parodie ja laut dem Vorwort an „you [Anrede der Waffenbesitzer; Anm. d. Verf.] and your children", und für ebendiese Kinder steigert die Übernahme einer aus „Rotkäppchen" bekannten Passage den Wiedererkennungswert und damit die Identifikation mit der Parodie ungemein.

Die weitere Handlung zeigt außerdem, dass die auf den ersten Blick hilflosen Fragen der Großmutter in Wirklichkeit eine List darstellen: Während die alte Frau scheinbar ängstlich zurückweicht und sich nach verschiedenen überproportional großen Organen des Raubtieres erkundigt, bewegt sie sich auf ihre Schrotflinte zu, mit der sie den Wolf anschließend in Schach hält (vgl. HaRo). Die Absicht, eventuell tödliche Waffengewalt „to protect herself and her home" (HaRo) einzusetzen, besitzt in einigen Bundesstaaten der USA sogar eine Rechtsgrundlage. Dort sieht ein Gesetz, das „[a]uf Druck der Waffenlobby"[80] erlassen worden ist und von dessen Unterstützer als „,stand your ground'-Gesetz"[81] bezeichnet wird, unter dem Überbegriff „home protection"[82] vor, dass eine

---

80 Heflik, Roman: US-Notwehr-Gesetze. Lizenz zum Töten. Auf: http://www.spiegel.de/panorama/justiz/us-notwehr-gesetze-lizenz-zum-toeten-a-430685.html. 22.10.2016.
81 Ebd.
82 The 2016 Florida Statutes. Title XLVI. Chapter 776. 776.013 Home protection; use or threatened use of deadly force; presumption of fear of death or great bodily harm (1a). Auf: http://www.leg.state.fl.us/statutes/index.cfm?App_mode=Display_Statute&Search_String=&URL=0700-0799/0776/Sections/0776.013.html. 22.10.2016.

Person tödliche oder schwere körperliche Gewalt androhen und anwenden darf, wenn sich eine andere Person widerrechtlich und gewaltsam Zutritt zu deren Wohnung verschafft hat oder dies versucht.[83] Diesem Gesetz liegt ein sehr weitgehendes Verständnis von Selbstverteidigung und Unverletzlichkeit der Wohnung zugrunde, zu dem sich in Hamiltons Parodie Rotkäppchens Großmutter klar bekennt. An dieser Stelle ist natürlich einzuwenden, dass es sich bei einem Wolf grundsätzlich nicht um ein menschliches Wesen handelt, auf das sich ein solches Gesetz anwenden ließe, allerdings trägt er die menschlichen Züge der sprachlichen Kommunikation und der List (vgl. HaRo). Dass ihm zudem das Adjektiv „Bad" (HaRo) zugeordnet wird, unterstreicht seinen Status als personifiziertes Tier, an das sogar moralische Maßstäbe angelegt werden. Deshalb lässt sich die in der Parodie beschriebene Situation durchaus unter die erwähnte Rechtsnorm subsumieren. Dieser Umstand belegt, dass sich die Autorin der geistigen Haltung, die diesem Gesetz zugrunde liegt, anschließt und ihre Parodie dazu verwendet, diese Rechtsauffassung zu verbreiten.

Im nächsten Handlungsschritt erreicht Rotkäppchen das Haus der Großmutter und fesselt auf deren Anweisung hin den Wolf (vgl. HaRo). Hier überrascht das milde Vorgehen der überlegenen Partei, die im Originalmärchen den Bauch des Wolfes mit einer Schere auftrennt und mit schweren Steinen füllt (vgl. GriRo, S.64), „[so]daß er gleich niedersank und sich totfiel" (GriRo, S.64). Auch diese Veränderung verfolgt das Ziel der Verbreitung der Ansichten der NRA. Waffen stehen in „Little Red Riding Hood (Has a Gun)" für Sicherheit. Dass deren Gebrauch mitunter tödliche Folgen haben kann, wird unterschlagen, indem während der gesamten Handlung kein Schuss abgegeben wird. Es scheint durch den Waffenbesitz seitens Rotkäppchen und seiner Großmutter zu einer unblutigen Lösung zu kommen, indem der gefesselte Wolf dem Jäger übergeben wird (vgl. HaRo). Was infolgedessen mit dem Raubtier geschieht, geht aus dem Text nicht hervor. Vielmehr wird betont, dass das Mädchen und dessen Großmutter „happy in the security that comes with knowing they could defend themselves" (HaRo) sind. Damit hebt Hamilton ein weiteres Mal die defensiven Vorteile des Schusswaffenbesitzes hervor, wieder mit dem Ziel, bei jungen Märchenkonsumenten ein positives Bild von und eine aufgeschlossene Haltung gegenüber Schusswaffen zu erzeugen.

---

83 Vgl. ebd.

Nach der nun abgeschlossenen Untersuchung zweier Märchenversionen, in denen ein wehrhaftes Rotkäppchen mithilfe einer Schusswaffe die Geschicke zu seinen Gunsten lenkt, sollen nun beide Texte differenziert miteinander verglichen und voneinander abgegrenzt werden.

3.3 Vergleich der beiden Texte

Aus dem letzten Absatz geht bereits die zentrale Gemeinsamkeit der beiden Texte von James Thurber und Amelia Hamilton hervor, die einen Vergleich nahelegt, nämlich die partielle Modernisierung der Märchenhandlung durch die Ergänzung einer Schusswaffe. Die Art und Weise, wie diese in die Handlung eingeführt wird, unterscheidet sich allerdings bereits. Bei Thurber ist das plötzliche Auftauchen eines Revolvers (vgl. ThuRo) die Pointe seiner Parodie, die vor allem auf das Überraschungsmoment zurückzuführen ist. In Hamiltons Text sind Rotkäppchens Gewehr oder die Schrotflinte seiner Großmutter Bestandteil beinahe jeden Handlungsschritts (vgl. HaRo). In „Little Red Riding Hood (Has a Gun)" sind Schusswaffen also durchgehend präsent, während sie in „Das kleine Mädchen und der Wolf" nur die Pointe erzeugen.

Viel entscheidender als dieser quantitative Unterschied bezüglich der Rolle der Schusswaffen in beiden Texten ist jedoch der qualitative, der sowohl die Symbolik der Waffe als auch die Intention der Verfasser betrifft. Bei Thurber steht der Revolver für seine Vorstellung eines modernen, kritischen Rotkäppchens, das sich nichts vormachen lässt (vgl. ThuRo). Seine Absicht bei dieser Darstellung ist es auf keinen Fall, zu Waffengewalt aufzurufen, sondern das Erziehungsideal der Gebrüder Grimm wegen dessen Forderung nach unreflektiertem Gehorsam zu kritisieren. An dieser Stelle zeigt sich der Unterschied zwischen beiden Parodien am deutlichsten. Amelia Hamilton setzt Gewehr und Schrotflinte nicht als Gegenstände mit symbolischer Wirkung ein. Vielmehr zielt ihr Text darauf ab, beim Märchenkonsumenten ein positives Bild von Schusswaffen zu erzeugen, ganz im Sinne der NRA, die den Text ja veröffentlicht hat. Hamilton skizziert zwar, ähnlich wie Thurber, das Bild eines modernen, wehrhaften jungen Mädchens, das nicht mehr so naiv ist wie das Rotkäppchen der Gebrüder Grimm, jedoch rühren die genannten positiven Eigenschaften hauptsächlich vom Waffenbesitz des Kindes her. Die

Schlussfolgerung, die die der Märchenrezipient deshalb ziehen soll, ist die, dass nur der Besitz einer Waffe Kindern zu so selbstbestimmten Menschen machen kann.

Zusammengefasst kann als grundlegende Gemeinsamkeit beider Texte die Einführung einer Schusswaffe betrachtet werden, während sich die jeweilige Intention dahinter völlig unterscheiden. James Thurber kritisiert das Erziehungsideal der Gebrüder Grimm mithilfe eines Gegenvorschlags, während Amelia Hamilton für die US-amerikanische Waffenlobby versucht, Propaganda zu betreiben und Schusswaffen als notwendiges Mittel zur Selbstverteidigung zu inszenieren.

4 Fazit

Mit den für diese Arbeit ausgewählten Parodien wird natürlich kein Anspruch auf Vollständigkeit erhoben. Die analysierten Texte stehen viel mehr stellvertretend für die Vielfalt unterschiedlicher Verfremdungen von *Rotkäppchen*. Dieses breite Spektrum umfasst zahlreiche literarische Gattungen, von denen hier nur Parodie und Travestie untersucht worden sind, und eine Vielzahl verschiedener Gegenstände der Verfremdung, für die Sprache und Erziehungsideal von *Rotkäppchen* beispielhaft anzuführen sind. Manche Rotkäppchenversionen sind deutlich kürzer als das Original, andere beinahe genauso lang. Verschiedene Intentionen können Autoren zu einer Abwandlung eines Märchens bewegen. Eine solche kann der reinen Unterhaltung, der propagandistischen Einflussnahme, der Kritik an gesellschaftlichen Umständen oder dem in Märchen verankerten Erziehungsideal dienen.

Die Intention des Autors offenbart häufig auch einen Unterschied in der literarischen Qualität. Einem Propagandamärchen der US-amerikanischen Waffenlobby[84] kann schwerlich dieselbe Qualität zugestanden werden wie der Rotkäppchenversion eines renommierten Schriftstellers wie James Thurber.

Diese große Vielfalt im literarischen Bereich wird ergänzt durch die eingangs erwähnten Märchenverfilmungen sowie zahlreiche Karikaturen, die in ihrer jeweiligen Beschaffenheit ebenso stark variieren wie es die schriftlichen Verfremdungen tun.

---

84 Die Autorin Amelia Hamilton ist auch Verfaserin der Kinderbuchreihe „Growing Patriots", die Kindern so früh wie möglich mit den Prinzipien der US-amerikanischen Verfassung und der damit verbundenen patriotischen Denkhaltung indoktrinieren soll. Vgl. Hamilton, Amelia: About Growing Patriots. http://www.growingpatriots.com/about-growing-patriots/. 03.11.2016.

Dass Märchen eine so beliebte Vorlage für Abwandlungen darstellen, liegt hauptsächlich an ihrem hohen Bekanntheitsgrad. Jeder, der die Geschichte vom Rotkäppchen kennt, wird auch mit einer Verfremdung derselben etwas anzufangen wissen. Zudem bietet die klare, oberflächliche, einfache Gestaltung des Märchens zahlreiche Ansatzpunkte, von denen aus sich auf unterschiedliche, individuelle Art und Weise ein neues Werk schaffen lässt,[85] das einen interessanten Blick auf einen (vermeintlich) altbekannten Text liefert.

---

85 Vgl. dazu auch Schoenauer, S.9ff.

Quellenverzeichnis

Primärliteratur

Grimm, Jacob/Grimm, Wilhelm: Rotkäppchen. In: Barth, Johannes (Hrsg.): Texte und Materialien. Grimms Märchen – modern. Prosa, Gedichte, Karikaturen. Stuttgart 1979, S.62ff.

Hamilton, Amelia: Little Red Riding Hood (Has a Gun). Auf: https://www.nrafamily.org/articles/2016/1/13/little-red-riding-hood-has-a-gun/. 14.10.2016.

Thurber, James: Das kleine Mädchen und der Wolf. In: Barth, Johannes (Hrsg.): Texte und Materialien. Grimms Märchen – modern. Prosa, Gedichte, Karikaturen. Stuttgart 1979, S.70.

Troll, Thaddäus [Bayer, Hans]: Rotkäppchen, im amtlichen Sprachgut beinhaltet. In: Barth, Johannes (Hrsg.): Texte und Materialien. Grimms Märchen – modern. Prosa, Gedichte, Karikaturen. Stuttgart 1979, S.71f.

Wille, Friedrich: Das Märchen Rotkäppchen (aus der Sicht eines Mathematikers). Auf: http://www.familie-ahlers.de/wissenschaftliche_witze/rotkaeppchen_mathematiker.html. 02.04.2016.

Sekundärliteratur

50 Jahre Eichmann-Prozess. Auf: http://www.bpb.de/politik/hintergrund-aktuell/68641/50-jahre-eichmann-prozess-15-12-2011. 01.08.2016.

A brief history of the NRA. Auf: https://home.nra.org/about-the-nra/. 14.10.2016.

Bartens, Werner: Die Perversion des Heilens. Auf:
http://www.sueddeutsche.de/leben/menschenversuche-die-perversion-des-heilens-
1.926062. 01.08.2016.

Behrmann, Sven: Politische Satire im deutschen und französischen Rundfunk. Würzburg
2002.

Descartes. Auf: http://www.spektrum.de/lexikon/physik/descartes/2919. 03.08.2016.

Ellwanger, Wolfram/Grömminger, Arnold: Märchen. Erziehungshilfe oder Gefahr? Freiburg
1977.

Freud, Sigmund: Der Witz und seine Beziehung zum Unbewussten. Frankfurt am Main
1992.

Hamilton, Amelia: About Growing Patriots. Auf: http://www.growingpatriots.com/about-
growing-patriots/. 03.11.2016.

Heflik, Roman: US-Notwehr-Gesetze. Lizenz zum Töten. Auf:
http://www.spiegel.de/panorama/justiz/us-notwehr-gesetze-lizenz-zum-toeten-a-
430685.html. 22.10.2016.

Kwiatkowski, Gerhard (Hrsg.): Die Literatur. Mannheim 1980.

Lüthi, Max: So leben sie noch heute. Betrachtungen zum Volksmärchen. Göttingen 1969.

Oevel, Walter: Integration. Auf: http://math-www.uni-
paderborn.de/~walter/teachingSS01/Kapitel41.pdf. 03.08.2016, S.55.

Pareigis, Bodo: Grundbegriffe der Mengenlehre. Auf: http://www.mathematik.uni-muenchen.de/~pareigis/Vorlesungen/98WS/linalg1.pdf. 02.08.2016.

Poser, Therese: Das Volksmärchen. Theorie, Analyse, Didaktik. München 1980.

Rechtsnorm. http://www.rechtslexikon.net/d/rechtsnorm/rechtsnorm.htm. 05.08.2016.

Ritz, Hans: Die Geschichte vom Rotkäppchen. Ursprünge, Analysen, Parodien eines Märchens. Göttingen 1992.

Schildt, Axel: Gesellschaftliche Entwicklung. Auf: http://www.bpb.de/izpb/10124/gesellschaftliche-entwicklung?p=all. 01.08.2016.

Schoenauer, Rainer: Märchenparodien. Von der Parodie im Allgemeinen zur Märchenparodie im Besonderen. Norderstedt 2008.

Schuppe, Jon: NRA Sticking With Trump, Breaks Own Record for Campaign Spending. Auf: http://www.nbcnews.com/news/us-news/nra-sticking-trump-breaks-own-record-campaign-spending-n665056. 14.10.2016.

The 2016 Florida Statutes. Title XLVI. Chapter 776. 776.013 Home protection; use or threatened use of deadly force; presumption of fear of death or great bodily harm. Auf: http://www.leg.state.fl.us/statutes/index.cfm?App_mode=Display_Statute&Search_String=&URL=0700-0799/0776/Sections/0776.013.html. 22.10.2016.

U.S. Constitution. Second Amendment. https://www.law.cornell.edu/constitution/second_amendment. 14.10.2016.

Williams, Aaron: Has your U.S. Congress person received donations from the NRA? Auf: https://www.washingtonpost.com/graphics/national/nra-donations/. 14.10.2016.

Ziehe, Thomas: Die alltägliche Verteidigung der Korrektheit. In: Kurme, Sebastian: Halbstarke. Jugendprotest in den 1950er Jahren in Deutschland und den USA. Auf: https://books.google.de/books?id=y6tjaS5IYOUC&printsec=frontcover&hl=de&source=gbs_atb#v=onepage. 05.08.2016.

In Nürnberg und anderswo

„Er hat mir's doch befohlen!"

Auf: http://www.entnazifizierung.at/wp-content/uploads/2015/08/neues-oesterreich_1946.jpg. 01.08.2016.